Angelo Bruscino

Lo Sviluppo
Eco Sostenibile

Prima Edizione

ISBN: 978-1-84753-195-7

Copyright © 2007 by Angelo Bruscino

Dedicato a un Uomo Eccezionale,
Mio Padre, Pasquale

Introduzione

Spesso ci troviamo ad assistere a convegni nei quali si parla del problema rifiuti, delle tecnologie, della gestione che si potrebbe fare o che non è stata fatta . Tutti argomenti che ci stanno a cuore e che sicuramente catalizzano la nostra attenzione, ma il "Problema Ambiente" è molto più vasto e racchiude in se le basi della realizzazione dello sviluppo inteso non solo come necessità di una produzione sostenibile rispetto alle risorse naturali disponibili, ma anche come sostenibilità nel tempo del benessere individuale e sociale.

L'ambiente in cui la popolazione vive, lavora e trascorre il suo tempo libero gioca un ruolo importante sulla salute e sul suo stesso benessere, anche se l'ampiezza di questo ruolo rimane difficile da quantificare, soprattutto se l'impatto dei fattori ambientali è dilazionato nel tempo oppure se è il prodotto di molti, relativamente modesti, fattori ambientali concomitanti.

La sostenibilità deve diventare cultura diffusa e stile di vita dei cittadini al pari di altri principi come la democrazia e la libertà.

Ma se ridurre l'inquinamento dovesse significare ridurre la produzione di beni e servizi utili, ciò provocherebbe una caduta della qualità della vita.

E' molto importante continuare a produrre tutto quello di cui abbiamo bisogno, cercando tuttavia di consumare meno energia e meno materiali, utilizzando delle tecnologie il più possibile pulite, benefiche nei confronti dell'ambiente: le "eco-tecnologie".

La loro utilizzazione dovrebbe anche essere incentivata attraverso strumenti di mercato, che dovrebbero a loro volta penalizzare le tecnologie che inquinano di più, che consumano più energia e che danneggiano l'ambiente, e favorire di conseguenza quelle più valide. Tutto ciò si rende possibile attraverso la formazione di una classe dirigente ed imprenditoriale che abbia cultura ecologica e formazione che promuovano attraverso la Ricerca e lo scambio di idee ed esperienze tra Istituzioni –

Università - Imprese, sfruttando le intelligenze dei nostri ragazzi per la creazione di nuove figure professionali che abbiano una competenza specifica nelle materie dell' eco sostenibilità, elemento fondamentale per la rivalutazione del nostro ambiente. Tutto parte quiindi, da una nuova coscienza, che si sviluppa nell' apprendimento delle regole da seguire non solo per la salvaguardia del nostro territorio , ma per il suo futuro sviluppo economico e sociale che migliori le condizioni di Ben – Essere di tutti.

Capitolo I

La Cultura Ecologica

L'ecologia è una disciplina che in questi ultimi decenni, è balzata all'attenzione dell'umanità, perchè è divenuta la condizione della sussistenza dell'uomo sulla terra.

La scienza, in questi ultimi tempi, ci ha dato il possesso di energie così potenti, che, se non sono regolate dalla coscienza etica dell'uomo e dai trattati internazionali, renderanno impossibile la vita dell'uomo sulla terra.

Lo sviluppo economico è strettamente legato al sistema dell'economia di mercato, la domanda centrale può essere formulata in questo modo: lo sviluppo sostenibile è compatibile con l'economia di mercato? La risposta richiede il riconoscimento che ci sono molteplici modelli di economia di mercato, non uno soltanto: il modello europeo è diverso da quello americano ed entrambi sono diversi da quello asiatico. Le differenze stanno alla base della matrice culturale, dove cultura significa tradizioni, credenze religiose, norme comportamentali sociali e "Modelli cognitivi".

Alla luce di questi elementi la domanda critica diventa: quale specifico modello di economia di mercato è il più efficace per uno sviluppo sostenibile? L'ipotesi fondamentale è che soltanto una prospettiva culturale dove la società civile interagisce efficacemente con il governo e le forze di mercato, può offrire una modalità plausibile di uscire dall' attuale crisi. Il problema ambientale non può essere delegato ne' ai soli governi ne alle sole forze di mercato.

Lo sviluppo economico e la tutela dell'ambiente sono due obiettivi conciliabili? E, in caso di risposta affermativa, come può avvenire? Questa è la questione centrale a cui si tenta di fornire delle risposte.

L'economia e l'ecologia sono due scienze che hanno avuto uno sviluppo in un certo senso parallelo. Si può dire che entrambe siano cresciute ed abbiano progressivamente acquistato importanza in seguito alla rivoluzione industriale o, più semplicemente, parafrasando Ken Kesey, che l'ecologia è figlia di chi produce inquinamento.

L'approccio microeconomico e pigouviano alla tutela dell'ambiente ha dimostrato, in questi ultimi anni, tutta la sua inadeguatezza. A partire dagli anni ottanta, i rappresentanti dei governi si sono spesso

incontrati per parlare di ambiente e per discutere non più di crescita economica, ma della possibilità de realizzare uno sviluppo veramente sostenibile, cioè in grado di tener conto anche delle esigenze delle generazioni future.

Il momento centrale di questo processo di globalizzazione della questione ambientale è il Vertice di Rio de Janeiro del 1992. In questa sede emergono anche tutta una serie di problemi e di contrasti tra i diversi Paesi presenti, quando si tratta di firmare accordi che prevedono impegni reali e non solo di principio per garantire la tutela dell'ambiente anche contro gli interessi di alcuni potenti settori industriali.

A Rio si vede però anche un'altra faccia della medaglia: sono qui presenti per la prima volta anche i rappresentanti delle industrie e alcuni di loro si impegnano ad una politica di attiva tutela dell'ambiente con la firma di una Carta per lo sviluppo sostenibile. L'anno successivo viene pubblicato in Europa il V Programma di Azione in materia ambientale che dice in modo chiaro che le

imprese devono essere parte della soluzione al problema della tutela ambientale. L'opinione pubblica, dal canto suo, inizia a porre al settore produttivo alcune richieste identificabili con un crescente bisogno di trasparenza e di informazione sulla gestione del rischio ambientale connesso ai processi produttivi e all'utilizzo dei prodotti.

Negli ultimi anni nasce e si sviluppa anche una domanda che possiamo definire "verde", costituita da persone disposte a pagare di più per prodotti il cui minor impatto ambientale sia garantito.

A questo punto è ovvio chiedersi quale sia stata la reazione delle imprese. La comune pressione di tutti questi fattori porta all'introduzione nell'organizzazione di alcune imprese di sistemi di gestione, certificazione e comunicazione ambientale in modo del tutto volontario, cioè non come adeguamento passivo ad una normativa. La gestione ambientale tende ad essere considerata dal management un passaggio successivo alla gestione di qualità e un vantaggio strategico in più sulla concorrenza.

imprese devono essere parte della soluzione al problema della tutela ambientale. L'opinione pubblica, dal canto suo, inizia a porre al settore produttivo alcune richieste identificabili con un crescente bisogno di trasparenza e di informazione sulla gestione del rischio ambientale connesso ai processi produttivi e all'utilizzo dei prodotti.

Negli ultimi anni nasce e si sviluppa anche una domanda che possiamo definire "verde", costituita da persone disposte a pagare di più per prodotti il cui minor impatto ambientale sia garantito.

A questo punto è ovvio chiedersi quale sia stata la reazione delle imprese. La comune pressione di tutti questi fattori porta all'introduzione nell'organizzazione di alcune imprese di sistemi di gestione, certificazione e comunicazione ambientale in modo del tutto volontario, cioè non come adeguamento passivo ad una normativa. La gestione ambientale tende ad essere considerata dal management un passaggio successivo alla gestione di qualità e un vantaggio strategico in più sulla concorrenza.

sulla terra.

La scienza, in questi ultimi tempi, ci ha dato il possesso di energie così potenti, che, se non sono regolate dalla coscienza etica dell'uomo e dai trattati internazionali, renderanno impossibile la vita dell'uomo sulla terra.

Lo sviluppo economico è strettamente legato al sistema dell'economia di mercato, la domanda centrale può essere formulata in questo modo: lo sviluppo sostenibile è compatibile con l'economia di mercato? La risposta richiede il riconoscimento che ci sono molteplici modelli di economia di mercato, non uno soltanto: il modello europeo è diverso da quello americano ed entrambi sono diversi da quello asiatico. Le differenze stanno alla base della matrice culturale, dove cultura significa tradizioni, credenze religiose, norme comportamentali sociali e "Modelli cognitivi".

Alla luce di questi elementi la domanda critica diventa: quale specifico modello di economia di mercato è il più efficace per uno sviluppo sostenibile? L'ipotesi fondamentale è che soltanto una prospettiva culturale dove la società civile interagisce efficacemente con il governo e le forze di mercato, può offrire una modalità plausibile di uscire dall'attuale crisi. Il problema ambientale non può essere delegato ne' ai soli governi ne alle sole forze di mercato.

Lo sviluppo economico e la tutela dell'ambiente sono due obiettivi conciliabili? E, in caso di risposta affermativa, come può avvenire? Questa è la questione centrale a cui si tenta di fornire delle risposte.

L'economia e l'ecologia sono due scienze che hanno avuto uno sviluppo in un certo senso parallelo. Si può dire che entrambe siano cresciute ed abbiano progressivamente acquistato importanza in seguito alla rivoluzione industriale o, più semplicemente, parafrasando Ken Kesey, che l'ecologia è figlia di chi produce inquinamento.

L'approccio microeconomico e pigouviano alla tutela dell'ambiente ha dimostrato, in questi ultimi anni, tutta la sua inadeguatezza. A partire dagli anni ottanta, i rappresentanti dei governi si sono spesso

incontrati per parlare di ambiente e per discutere non più di crescita economica, ma della possibilità de realizzare uno sviluppo veramente sostenibile, cioè in grado di tener conto anche delle esigenze delle generazioni future.

Il momento centrale di questo processo di globalizzazione della questione ambientale è il Vertice di Rio de Janeiro del 1992. In questa sede emergono anche tutta una serie di problemi e di contrasti tra i diversi Paesi presenti, quando si tratta di firmare accordi che prevedono impegni reali e non solo di principio per garantire la tutela dell'ambiente anche contro gli interessi di alcuni potenti settori industriali.

A Rio si vede però anche un'altra faccia della medaglia: sono qui presenti per la prima volta anche i rappresentanti delle industrie e alcuni di loro si impegnano ad una politica di attiva tutela dell'ambiente con la firma di una Carta per lo sviluppo sostenibile. L'anno successivo viene pubblicato in Europa il V Programma di Azione in materia ambientale che dice in modo chiaro che le

incontrati per parlare di ambiente e per discutere non più di crescita economica, ma della possibilità de realizzare uno sviluppo veramente sostenibile, cioè in grado di tener conto anche delle esigenze delle generazioni future.

Il momento centrale di questo processo di globalizzazione della questione ambientale è il Vertice di Rio de Janeiro del 1992. In questa sede emergono anche tutta una serie di problemi e di contrasti tra i diversi Paesi presenti, quando si tratta di firmare accordi che prevedono impegni reali e non solo di principio per garantire la tutela dell'ambiente anche contro gli interessi di alcuni potenti settori industriali.

A Rio si vede però anche un'altra faccia della medaglia: sono qui presenti per la prima volta anche i rappresentanti delle industrie e alcuni di loro si impegnano ad una politica di attiva tutela dell'ambiente con la firma di una Carta per lo sviluppo sostenibile. L'anno successivo viene pubblicato in Europa il V Programma di Azione in materia ambientale che dice in modo chiaro che le

imprese devono essere parte della soluzione al problema della tutela ambientale. L'opinione pubblica, dal canto suo, inizia a porre al settore produttivo alcune richieste identificabili con un crescente bisogno di trasparenza e di informazione sulla gestione del rischio ambientale connesso ai processi produttivi e all'utilizzo dei prodotti.

Negli ultimi anni nasce e si sviluppa anche una domanda che possiamo definire "verde", costituita da persone disposte a pagare di più per prodotti il cui minor impatto ambientale sia garantito.

A questo punto è ovvio chiedersi quale sia stata la reazione delle imprese. La comune pressione di tutti questi fattori porta all'introduzione nell'organizzazione di alcune imprese di sistemi di gestione, certificazione e comunicazione ambientale in modo del tutto volontario, cioè non come adeguamento passivo ad una normativa. La gestione ambientale tende ad essere considerata dal management un passaggio successivo alla gestione di qualità e un vantaggio strategico in più sulla concorrenza.

imprese devono essere parte della soluzione al problema della tutela ambientale. L'opinione pubblica, dal canto suo, inizia a porre al settore produttivo alcune richieste identificabili con un crescente bisogno di trasparenza e di informazione sulla gestione del rischio ambientale connesso ai processi produttivi e all'utilizzo dei prodotti.

Negli ultimi anni nasce e si sviluppa anche una domanda che possiamo definire "verde", costituita da persone disposte a pagare di più per prodotti il cui minor impatto ambientale sia garantito.

A questo punto è ovvio chiedersi quale sia stata la reazione delle imprese. La comune pressione di tutti questi fattori porta all'introduzione nell'organizzazione di alcune imprese di sistemi di gestione, certificazione e comunicazione ambientale in modo del tutto volontario, cioè non come adeguamento passivo ad una normativa. La gestione ambientale tende ad essere considerata dal management un passaggio successivo alla gestione di qualità e un vantaggio strategico in più sulla concorrenza.

La cultura ambientale fa leva su alcune premesse, che devono correggere una distorta concezione dell'uomo e della Natura, generatasi per false ideologie, che si sono sviluppate nel "pensiero occidentale" dal secolo XVIII in poi.

Il primo pregiudizio è che "l'uomo sia padrone della Natura" e possa comportarsi secondo il principio del vecchio diritto romano di proprietà: utendi et abutendi di essa a proprio beneplacito.

Viceversa, l'uomo non è affatto "padrone della Natura" perche non ne è l'autore. Non ha creato il minimo essere e, perciò, non ne ha "la proprietà radicale", che spetta al legittimo padrone. Egli "non è padrone neanche del suo essere", nel senso che possa abusare, danneggiare, distruggere se stesso.

Ricordiamo solo un principio generale: "l'uomo, essendo un essere intelligente, libero, responsabile, deve operare sempre con razionalità nei confronti di se stesso, degli altri uomini e nei riguardi della Natura", "Rispetta l'ente in ogni suo grado" è il principio generale della morale, insegnato da Antonio Rosmini, un pensatore che s'impose all' attenzione del mondo intero ed i cui principi sono a base della "morale universale" della "Carta dell'O.N.U."

Negli anni settanta le frequenti crisi petrolifere mettono in luce lo stretto ed inscindibile legame che lega lo sviluppo industriale e la disponibilità di materie prime provenienti dagli stock di risorse non rinnovabili presenti sul pianeta.

Alcuni economisti iniziano a richiedere con una certa insistenza che nel sistema dei prezzi venga tenuto conto in modo sistematico dell'ambiente e degli effetti che le attività produttive hanno su di esso.

Si sviluppano, così, varie correnti di "economisti ambientalisti" che si differenziano per la diversa radicalità delle loro richieste.

Si sviluppano posizioni spesso radicali, come, ad esempio quella di Georgescu-Roegen e quella del Club di Roma che imporrebbero un ripensamento totale dei modi di produzione capitalistici e dei concetti di crescita e sviluppo.

Il risultato più evidente è che, progressivamente, la "questione ambientale" viene ad assumere un ruolo di primo piano nell'agenda politica interna ed estera, generando un insieme di differenti opinioni in merito alle possibili soluzioni ed alternative.

Per fare alcuni esempi delle differenti posizioni, ci serviamo di uno schema di Pearce e Turner.

Questi autori hanno raggruppato alcune delle posizioni contemporanee in tema di economia e ambiente in base alla loro maggiore o minore radicalità. Riportiamo brevemente, in conclusione di questo primo capitolo, una sintesi dei contenuti di tali posizioni:

1. la posizione cornucopiana estrema (o dell'abbondanza), a favore dello sfruttamento delle risorse e assertrice della possibilità di sostituzione di quelle esaurite con altre nuove. Dal punto di vista economico si lascia al libero mercato il compito di sostituire le risorse esaurite con altre nuove, senza vincoli da parte dello Stato;

2. la posizione accomodante, a favore della conservazione delle risorse e di una loro

gestione razionale. Dal punto di vista economico si prevede l'intervento dello Stato nella regolazione delle esternalità e per la preservazione di un capitale complessivo costante nel tempo;

3. la posizione comunitarista, a favore della preservazione delle risorse tramite vincoli preventivi che permettano il mantenimento di uno stato stazionario in cui la crescita economica e quella della popolazione si arrestino ad un tasso di crescita pari a zero;

4. la posizione detta di deep ecology, a favore di una preservazione estrema e di un uso minimo delle risorse ambientali. Si prevede non solo un arresto della crescita della popolazione e dell'attività economica, ma addirittura un progressivo decremento di tali valori nel futuro.

L'ordine con cui sono state elencate le diverse posizioni segue un'ipotetica scala che passa da posizioni tecnocentriche via via verso posizioni sempre più ecocentriche e radicali che riflettono un'analoga scala di sostenibilità.

Capitolo II

Economia e Eco - Benessere

Nel tempo l'economia ha iniziato a tener conto di una componente altrettanto importante dei fenomeni di degrado dell'ambiente che consiste negli effetti che tale inquinamento produce sull'uomo in termini di minore o maggiore benessere e, conseguentemente, sui rapporti sociali tra individui e gruppi portatori di interessi differenti.

L'uomo subisce infatti quella che possiamo definire una "perdita di benessere", che può essere valutata, ad esempio, in una minore salubrità dell'ambiente circostante, quindi, in un maggior rischio di incorrere in malattie, imputabile più o meno direttamente all'attività dell'agente o, più spesso, degli agenti che provocano l'inquinamento.

Ma, parallelamente, la scienza economia tiene conto del fatto che l'attività industriale fornisce lavoro, quindi benessere in primo luogo alla comunità locale interessata dall'impianto produttivo in questione.

Se, però, la perdita di benessere provocata dalle emissioni inquinanti, venisse ricompensata, ad esempio con il pagamento di una tassa sulle emissioni o con l'introduzione di impianti di depurazione a valle, si può dire che il costo dell'inquinamento è stato internalizzato, cioè coperto, in qualche modo, da chi lo ha generato.

A questo riguardo, si può pensare al classico esempio della fabbrica che si trova a monte di un centro abitato, nei pressi di un corso d'acqua, e che in esso scarica sostanze che inquinano le risorse idriche. L'acqua del fiume risulterebbe così inutilizzabile per i pescatori che svolgevano la loro attività a valle dell'impianto inquinante prima dell'insediamento della fabbrica.

Se il costo, prodotto dall'azienda è pagato dai pescatori, in termini di impossibilità di svolgere il loro lavoro a causa della probabile moria dei pesci, non venisse ricompensato, saremmo chiaramente di fronte ad un tipico caso di esternalità (o effetto esterno) negativa o diseconomia esterna.

L'efficacia dell'esempio, è confermata dai numerosi casi reali riportati dalle cronache in cui impianti inquinanti a monte hanno rovinato l'eco sistema di intere vallate, dando origine ad anni di conflitti tra le comunità locali, rappresentate dai paesi della valle attraversata dal torrente, da un lato, e dalla proprietà dell'azienda e dai lavoratori, dall'altro lato.

Ritornando alla teoria, possiamo dire che il fatto forse

più rilevante è che, dal punto di vista economico, se il costo esterno è stato ricompensato, cioè reso interno, da chi lo ha generato, per esempio con la costruzione di un impianto di depurazione delle acque che consenta la salvaguardia dell'eco sistema del fiume che accoglie gli scarichi della impresa, esso non esiste più.

Dal punto di vista fisico, invece, l'inquinamento è chiaramente un effetto che, avendo provocato delle modifiche all'ambiente, non può scomparire, almeno nel breve - medio termine.

Recentemente, l'idea di adottare un approccio differente nei confronti del sistema produttivo, che includa una valutazione a priori dei materiali e dei possibili utilizzi delle materie di scarto è stata portata ad un interessante estremo da Gunter Pauli, fondatore della Zero Emissions Research Initiative, presso la United Nations University di Tokyo.

Pauli sostiene, infatti che l'obiettivo dell'attività economica dovrebbe essere quello di raggiungere un livello di emissioni nulle o quasi e che ciò, in contrasto con quanto espresso sopra dai seguaci dell'approccio pigouviano, secondo cui emissioni nulle corrispondono solamente ad una produzione nulla, è possibile.

Questo, in termini pratici, implicherebbe una riorganizzazione ed un riassetto delle attività produttive al fine di prevedere un utilizzo non solo ottimale, ma addirittura totale degli input introdotti nei processi.

Il risultato, dovrebbe essere l'eliminazione di tutti gli scarti delle lavorazioni tramite la loro reimmissione in un nuovo ciclo produttivo, come materie prime seconde.

L'esempio cui questo nuovo modello di sviluppo industriale dovrebbe fare riferimento, che viene citato da Pauli nel suo saggio "Svolte Epocali", è ovviamente quello della natura che "non conosce il concetto di rifiuto" e che agisce in modo ciclico e circolare e non lineare come il modello industriale attuale .

Una simile critica al modello industriale sviluppato dall'uomo si trova anche nel testo di Ruffolo, "La qualità sociale" , dove l'autore rileva come il vizio di fondo dello sviluppo industriale sia quello di aver sviluppato un modello di produzione lineare che trasforma gli input rappresentati dalle risorse e dal capitale in output rappresentati da reddito e rifiuti (anche le merci infatti, dopo l'uso sono spesso destinate a trasformarsi in rifiuto o in beni ad utilità negativa), senza prevedere una forma per il ritorno di questi ultimi nel ciclo produttivo.

Per meglio comprendere come questi principi di trasformazione dell'economia lineare in circolare, possano essere realizzati praticamente riportiamo un efficace esempio di traduzione in realtà del principio "zero emissions" di Gunter Pauli.

L'esempio che l'autore propone è quello della fabbrica della birra. Per ottenere la bevanda, infatti si utilizzano orzo, riso e luppolo, ma la maggior parte dei cereali dopo l'uso diventa un rifiuto da smaltire.

L'ipotetica fabbrica di birra si troverebbe dunque ad avere tra i suoi rifiuti lievito esaurito, enormi quantità di acqua, energia in eccesso e anidride carbonica prodotta dal processo di fermentazione naturale.

Questi cinque fattori, secondo la teoria di Pauli, da

rifiuti si possono trasformare in nuove opportunità di sviluppo industriale. E' infatti possibile ottenere, ad esempio, coltivazioni di funghi, lombrichi, mangime per polli e biogas per la produzione di energia miscelando tra di loro in modo opportuno i rifiuti della fabbrica di birra.

Il fatto che non siamo di fronte ad una visione puramente onirica, ma ad una possibilità concreta per un futuro, forse non ancora troppo prossimo, è confermato dall'esperienza di una fabbrica di birra realmente esistente che si trova in Namibia e che segue il modello che abbiamo brevemente esposto sopra.

Uno dei primi passi per far fronte al crescente rischio provocato dagli effetti dell'inquinamento sulla natura, di portata sempre più ampia, dovrebbe essere quello di inserire il degrado dell'ambiente naturale all'interno delle misure del PNN (Prodotto Nazionale Netto) e, quindi, del benessere della nazione. L'ambiente entrerebbe così, a pieno titolo, a far parte delle questioni che danno la misura della ricchezza del paese. Tale scelta imporrebbe alla politica economica un chiaro indirizzo di lungo periodo, che non potrebbe non farsi carico anche di un problema che è oggi diventato di lungo periodo come l'inquinamento.

La soluzione migliore per ottenere una misura reale del benessere di una nazione sembra, quindi, essere quella di trovare un modo per unire in un unico indicatore la contabilità ambientale e quella monetaria in un'ottica di complementarietà e reciprocità. Sammarco propone, ad esempio, di iniziare con l'inserimento del degrado dei mezzi di produzione all'interno del bilancio della nazione e, quindi, del PNN dello Stato, esattamente come nel bilancio delle aziende viene inserito, alla voce ammortamento, il degrado dei mezzi di produzione. Il problema, ancora una volta, diventa la modalità con cui valutare tale voce aggiuntiva del bilancio pubblico. Ancora Sammarco suggerisce quattro possibili soluzioni che elenchiamo brevemente:

1. Una prima proposta consiste nel detrarre dal PNN (o dal PNL) le cosiddette "spese difensive",

cioè tutte le spese di investimento e consumo finalizzate alla prevenzione, al controllo e alla difesa dal danno ambientale. Tale detrazione avrebbe anche lo scopo di evitare che il reddito di una nazione possa aumentare in presenza di uno sviluppo che danneggia gravemente l'ambiente, obbligando gli operatori all'acquisto di beni e servizi "difensivi" e che, in casi estremi, aumenta tanto più velocemente quanto più elevato è il danno ambientale.

2. Un'alternativa alla deduzione delle spese difensive dal PNL consiste nel raccogliere tutti i dati contabili riferiti ad interazioni tra economia e ambiente in conti separati e paralleli al bilancio, detti conti "satellite". In tali conti verrebbero registrate la consistenza iniziale in termini di beni del patrimonio naturale, le variazioni intercorse nel periodo di rilevazione e la consistenza finale relativa al periodo preso in considerazione.

3. Il terzo metodo consiste nella valutazione monetaria dell'ammortamento delle risorse naturali che hanno un prezzo di mercato. Tale soluzione permette di costruire un indice di "reddito sostenibile", inteso come il massimo ammontare di risorse che può essere consumato in un dato periodo senza ridurre il livello di consumo futuro.

4. L'ultima soluzione, identificata con il nome di "approcci completi integrati", propone sia la rilevazione fisica di tutti i beni e servizi forniti dal patrimonio naturale che la loro valutazione monetaria e la successiva integrazione ai conti nazionali.

Capitolo III

Lo Sviluppo Sostenibile

È oggi chiaro come sia ormai quasi impossibile identificare in toto quali siano le parti in causa nei processi di inquinamento industriale, con conseguenti costi di negoziazione elevatissimi.

È difficile soprattutto perche le attività produttive non provocano effetti solamente sull'ambiente circostante e sugli abitanti del sito in cui si trova l'impianto produttivo, come forse accadeva ai tempi in cui Pigou scrisse L'Economia del benessere.

Fenomeni come l'effetto serra e l'assottigliamento dello strato di ozono producono, oggi, effetti distribuiti su tutto il pianeta e non possono, quindi, essere regolati semplicemente con politiche basate sul principio del Chi Inquina Paga o, tanto meno, sul teorema di Coase, cioè, affidati alla contrattazione diretta del mercato .

Queste ovvie considerazioni hanno contribuito a portare il problema della necessità di porre delle regole in campo ambientale ad uno dei primi posti dell'agenda politica internazionale.

È significativo il fatto che, già nel 1988, l'ambiente fosse stato indicato dai cittadini della Comunità economica europea come il secondo tra i problemi politici al momento più importanti, subito dopo la disoccupazione e nettamente prima dell'inflazione e della riduzione degli armamenti, come si deduce dai dati raccolti da DG Information, Communication and Culture.

L'importanza del problema ambientale appare ancora più rilevante se si tiene conto del fatto che, come suggerito da Jacques Delors in un celebre libro bianco sul problema del lavoro all'interno della C.E.E., ambiente ed occupazione sono strettamente collegati nel senso che molti dei nuovi posti di lavoro potrebbero in futuro nascere proprio nel settore della tutela ambientale.

Questo allarmismo riguardo a problemi come il lavoro e l'ambiente, riscontrato nell'opinione pubblica, ha sicuramente avuto il merito di contribuire a determinare un crescente interesse da parte dei governi e degli organismi sovranazionali per i problemi in questione.

Il primo tentativo di discutere di ambiente e sviluppo e delle relazioni tra questi due fattori a livello mondiale si ebbe durante la Conferenza delle Nazioni Unite, tenutasi a Stoccolma nel 1972. Il titolo della Conferenza era Human Environment (Ambiente umano), a dimostrazione del fatto che l'intenzione era quella di concentrare l'attenzione sui rapporti tra l'uomo e la natura.

In questa sede nacque l'UNEP (United Nations Environmental Programme), il programma dell'O.N.U. relativo alle problematiche ambientali che si pose l'obiettivo di coordinare e regolare tutte le politiche ambientali globali delle varie agenzie dell'O.N.U.

Dal lato pratico, furono anche previste delle azioni di monitoraggio ambientale, cui avrebbero dovuto seguire le necessarie iniziative di tutela e prevenzione dei rischi ecologici.

Si decise inoltre che il Segretariato e gli uffici dell'UNEP avrebbero dovuto avere sede a Nairobi, in Kenya, a dimostrazione del fatto che l'ambiente era destinato a diventare in breve tempo uno dei nodi cruciali dei rapporti tra paesi ricchi e paesi poveri del pianeta. Nel 1979 venne poi la Conferenza di Ginevra che vide il lancio di un primo programma mondiale sul clima (World Climate Programme) e la firma di accordi parziali sull'inquinamento atmosferico tra alcuni dei paesi partecipanti, a conferma del fatto che il problema del mutamento climatico, già alla fine degli anni settanta, era una delle maggiori preoccupazioni a livello internazionale.

Il 1988 fu la volta della Conferenza di Toronto che, a detta di molti, segnò lo spostamento dell'attenzione generale dei partecipanti dal livello puramente scientifico a quello più strettamente politico. Il principale risultato concreto fu infatti la firma di un accordo da parte delle nazioni partecipanti che prevedeva la riduzione delle emissioni di anidride carbonica (CO_2) in misura del venti per cento rispetto a quelle registrate nel 1988 e un impegno al miglioramento nell'efficienza dell'utilizzo delle risorse energetiche del dieci per cento, entro l'anno 2005.

Il concetto di "sviluppo sostenibile", la cui importanza si rivelerà sempre più cruciale, trae la sua vera origine dal rapporto della Commissione Bruntland, incaricata, a partire dal 1985, dall'UNEP, di studiare le correlazioni che si stavano instaurando tra ambiente e sviluppo. I risultati della ricerca, presieduta dall'allora Primo Ministro della Norvegia, Gro Harlem Bruntland, vennero pubblicati, nel 1987, in un rapporto significativamente intitolato "Il futuro di tutti noi" (Our common future).

Lo sviluppo sostenibile trova in questo testo una prima ed importante definizione, secondo cui: "lo sviluppo è sostenibile se soddisfa i bisogni delle generazioni presenti senza compromettere le possibilità, per le generazioni future di soddisfare i propri bisogni.

Il concetto di sviluppo sostenibile implica quindi dei limiti, non dei limiti assoluti, ma quelli imposti dal presente stato dell'organizzazione tecnologica e sociale nell'uso delle risorse ambientali e dalla capacità della biosfera di assorbire gli effetti delle attività umane"

I concetti emersi nel rapporto della Commissione Bruntland portarono, nel 1992, ad un importantissimo passo avanti per quanto riguarda la presa di coscienza a livello politico delle problematiche ambientali. Tale passo è costituito dalla Conferenza mondiale sullo "Sviluppo sostenibile", tenutasi a Rio de Janeiro nel corso del 1992, dove i rappresentanti di tutti o quasi i paesi del pianeta si incontrarono per cercare di trovare alcune soluzioni comuni che rendessero possibile praticamente il cammino verso uno sviluppo futuro improntato alla sostenibilità.

In questo vertice avrebbero inoltre dovuto essere chiarite le modalità di aiuto concreto dei paesi "ricchi" nei confronti dei paesi "poveri", al di là delle dichiarazioni puramente programmatiche e di intenti che avevano caratterizzato gli incontri relativi alla questione ambientale in precedenza.

Data la complessità e la vastità degli argomenti trattati durante il vertice, può essere utile procedere elencando brevemente i documenti più importanti e i loro contenuti, su cui è stato raggiunto un accordo in quella sede. Di alcuni di questi protocolli si parla spesso per il loro valore di strumenti di indirizzo più o meno concreto su cui basare le politiche nazionali in tema di ambiente. Tra questi documenti ricordiamo i seguenti per la loro importanza:

L'Agenda 21, ovvero il programma ambientale del prossimo secolo, il XXI appunto. Il documento è diviso in quattro parti che riguardano, rispettivamente:

1) la dimensione sociale ed economica: l'obiettivo concordato è quello di realizzare, nei paesi poveri, una crescita compatibile con l'ambiente e, nei paesi ricchi, un cambiamento nella direzione di una maggiore sostenibilità della produzione e dei consumi;

2) la conservazione e gestione delle risorse al fine dello sviluppo: è questo il vero e proprio programma ambientale in senso tecnico che riguarda temi come la lotta contro la desertificazione e quella per la preservazione della diversità biologica. Il documento, in origine, prevedeva anche i mezzi di esecuzione, sia tecnici che finanziari, ma, questi ultimi, a seguito di lunghe discussioni, non pervenute ad accordo, sono stati eliminati e sostituiti da affermazioni di

carattere più generale e teorico;

3) Il ruolo dei principali gruppi sociali nella realizzazione del programma. Ricordiamo, ad esempio, che i ruoli principali sono stati assegnati ai seguenti gruppi: le donne, i giovani, i sindacati, le organizzazioni non governative e molte altre ancora, tra cui, non ultimi, i settori produttivi, quindi, le imprese;

4) I mezzi di esecuzione del programma 21. Il documento riguarda gli strumenti scientifici, la formazione e l'informazione del pubblico, la cooperazione internazionale, gli strumenti finanziari e giuridici.

Secondo il documento, gli aiuti allo sviluppo dei paesi poveri da parte dei paesi ricchi dovrebbero passare dallo 0,3 del PIL 1992 allo 0,7 per cento circa nel più breve tempo possibile.

Le Convenzioni e la Dichiarazione di Rio:

1) La Convenzione sul clima, per la riduzione dell'effetto serra;

2) La Convenzione sulla biodiversità, che sancisce l'importanza della conservazione delle specie animali e vegetali. Quest'ultima Convenzione non venne firmata dagli USA perchè si rifiutarono di riconoscere il valore rappresentato dalla diversità animale e vegetale di alcune specie presenti in alcuni paesi e, quindi, di riconoscere eventuali proventi commerciali derivanti dal commercio di tali specie per questi paesi;

3) La Dichiarazione sulle foreste: si proponeva di regolare la raccolta del legname, ma fu avversata e, quindi, non firmata da quasi tutti i paesi tropicali, possessori della maggior parte delle foreste, il che si può valutare come una dimostrazione di sostanziale fallimento

dell'accordo;

La Dichiarazione di Rio, che, può considerarsi una vera e propria Carta dei diritti della Terra e sancisce la responsabilità dei paesi ricchi nei confronti di quelli poveri per quanto concerne la pressione da essi esercitata sulle risorse ambientali globali.

Nonostante la gran mole di documenti prodotta durante il vertice, si può dire che oggi l'unico protocollo realmente operativo a livello globale o quasi è quello relativo all'ozono, probabilmente anche grazie alla sua minore complessità rispetto agli accordi relativi alle emissioni in atmosfera responsabili del mutamento climatico.

Nel 1997 si è tenuta a Kyoto, in Giappone, la terza Conferenza delle Parti che hanno aderito alla Convenzione Quadro sui cambiamenti climatici, firmata da oltre 150 Paesi alla Conferenza delle Nazioni Unite sull'ambiente e lo sviluppo di Rio de Janeiro del 1992, entrata in vigore nel 1994.

Parliamo di terza Conferenza sul tema dei cambiamenti climatici in quanto i paesi firmatari si erano già incontrati in due precedenti occasioni: nel 1995 a Berlino e nel 1996 a Ginevra. Entrambi questi incontri non produssero però impegni concreti da parte dei paesi firmatari, se non l'astratta presa di coscienza della necessità di definire in tempi il più possibile brevi degli obiettivi concreti di riduzione delle emissioni responsabili dell' "effetto serra" .

La ragione fondamentale che ha reso difficile il raggiungimento di un accordo sulla riduzione delle emissioni dei gas in questione, è probabilmente legata agli alti costi che una tale scelta comporterebbe per un certo tipo di industria, innanzi tutto quella automobilistica, molto importante soprattutto in paesi come il Giappone e gli Stati Uniti.

La paura di un innalzamento dei costi causato dall'imposizione di tasse sulle emissioni o da standard rigidi ha infatti spinto le potenti lobby degli industriali, soprattutto statunitensi, ad assumere una posizione attendista in prospettiva di nuove scoperte tecnologiche che siano in grado di minimizzare i costi di un cambiamento di rotta verso prodotti a basso tasso di inquinamento. Ma, purtroppo, i tempi della ricerca e dello sviluppo di nuove soluzioni compatibili con la tutela dell'ambiente e a basso costo per le imprese sono molto lunghi e la situazione dell'effetto serra necessita di una presa di posizione il più possibile veloce ed efficace.

Il risultato finale, noto come protocollo di Kyoto, in sintesi, prevede infatti un impegno alla riduzione, entro il 2010, delle emissioni dei gas serra (sempre rispetto ai dati relativi al 1990) diversa da paese a paese, secondo i seguenti valori percentuali: -8 per cento per l'Europa, -7 per cento per gli Stati Uniti e -6 per cento per il Giappone. Australia, Islanda e Norvegia sono invece state autorizzate ad aumentare le emissioni rispettivamente dell'8, del 10 e dell'1 per cento. Nessun obbligo è stato invece previsto per i paesi in via di sviluppo.

Il vertice di Kyoto assume un significato importante in quanto in esso si è espresso quello scontro tra le potenti lobby industriali di USA e Giappone e le tendenze più innovative ed etiche rappresentate, in questo caso, dall'Unione Europea.

Inoltre, ancora una volta, si è visto come i paesi in via di sviluppo tendano a restare esclusi dagli accordi internazionali, se non vengono loro garantiti aiuti di tipo finanziario.

Nel 2002 si è tenuto il summit delle Nazioni Unite sullo sviluppo sostenibile, svoltosi a Johannesburg dal 26 settembre al 4 ottobre. Molti proclami, ma poche decisioni concrete. La risoluzione dei problemi che affliggono il mondo è stata rimandata al 2015, ecco alcuni dei punti trattati per i quali non si è riuscito concretamente a trovare un accordo :

1) Risorse idriche: Tutto rinviato al 2015. E' questa la data indicata nel Piano d'azione per dimezzare il numero di coloro che non possono usufruire di acqua potabile (1,4 miliardi di persone) e di servizi igienici adeguati (3 miliardi). Un fenomeno che provoca circa cinque milioni di morti l'anno, di cui quasi la metà sono bambini;

2) Povertà: Stesso discorso per la riduzione del numero di persone che sono costrette a vivere con meno di un dollaro al giorno. Che si tratti di un passo indietro lo testimonia il fatto che 25 anni fa un'altra Conferenza delle Nazioni Unite si era posta un obiettivo molto più ambizioso: quello di eliminare la povertà entro il 2000;

3) Assistenza sanitaria: Nell'immediato, nessuna garanzia è stata fornita sull'estensione del diritto alla salute a favore delle popolazioni più disagiate della Terra. Fanno eccezione lo impegno di ridurre di 3/4 la mortalità da parto entro il 2015 e di 1/4 il numero dei malati di Aids di età compresa tra i 15 e i 24 anni, entro il 2005 nei paesi maggiormente colpiti ed entro il 2010 globalmente;

4) Ambiente: A dieci anni di distanza dalla Conferenza di Rio, che aveva fatto registrare l'impegno dei paesi occidentali a conciliare lo

sviluppo economico-sociale del Sud del mondo con la tutela dell'ambiente, le attese erano ben diverse. A pesare è stata soprattutto l'intransigenza degli Stati Uniti. Due gli episodi emblematici: il nuovo rifiuto degli USA di ratificare il protocollo di Kyoto (il documento del 2001 che obbliga i paesi firmatari a ridurre le emissioni di gas nocivi nell'atmosfera); l'opposizione statunitense alla politica di promozione delle fonti energetiche alternative agli idrocarburi che l'Unione Europea invoca da tempo.

Il Percorso dello Sviluppo Sostenibile

"Lo sviluppo sostenibile, lungi dall'essere una definitiva condizione di armonia, è piuttosto un processo di cambiamento tale per cui lo sfruttamento delle risorse, la direzione degli investimenti, l'orientamento dello sviluppo tecnologico e i cambiamenti istituzionali siano resi coerenti con i bisogni futuri oltre che con gli attuali."

1972	Stoccolma - Svezia Conferenza delle Nazioni Unite sull'Ambiente Umano
1980	Strategia Mondiale per la conservazione
1983	Commissione mondiale su sviluppo e ambiente
1987	Rapporto Brundtland - Il Nostro Futuro Comune
1992	Rio de Janeiro - Brasile Conferenza delle

	Nazioni Unite su Ambiente e Sviluppo Vertice della Terra/UNCED V Piano d'Azione Ambientale dell'UE "Per uno sviluppo durevole e sostenibile" 1993/1999
1993	Piano Nazionale per lo sviluppo sostenibile in Italia
1994	Aalborg - Danimarca 1ª Conferenza Europea sulle città sostenibili
1996	Lisbona - Portogallo 2ª Conferenza europea sulle Città Sostenibili Istanbul - Turchia Conferenza delle Nazioni Unite sugli Insediamenti Umani/Habitat II
1997	New York - Stati Uniti d'America XIX Sessione Speciale dell'Assemblea Generale delle Nazioni Unite/UNGASS (Rio+5) Trattato di Amsterdam
1999	Ferrara - Italia Conferenza di Ferrara Riorganizzazione del Ministero dell'Ambiente - Istituzione del Servizio per lo sviluppo sostenibile

2000	Hannover - Germania 3ª Conferenza europea sulle Città Sostenibili Dichiarazione del Millennio
2001	VI Piano d'Azione Ambientale 2002/2010 dell'UE "Ambiente 2010: il nostro futuro, la nostra scelta" - Strategia dell'Unione Europea per lo Sviluppo Sostenibile - Strategia d'Azione Ambientale per lo Sviluppo Sostenibile in Italia Doha - Qatar Vertice dell'Organizzazione Mondiale del Commercio
2002	Monterrey - Messico Conferenza Internazionale per il Finanziamento dello Sviluppo Roma-Italia Vertice Mondiale FAO sull'alimentazione Johannesburg - Sud Africa Vertice Mondiale sullo Sviluppo sostenibile

Il concetto di sviluppo non può essere considerato come un esatto sinonimo di crescita, nel senso che esso contiene in più una connotazione che possiamo definire qualitativa, una sorta di giudizio di valore, riferito alla qualità delle condizioni di vita e non solo alla semplice crescita, definibile economicamente in termini di puro aumento dei redditi reali.

Il vero problema che dovremo tentare di risolvere non è, quindi, il rapporto tra la crescita e l'ambiente ma è, dunque, il come cresciamo, dicendo che lo sviluppo di una nazione comprende sia la crescita del suo PNL, sia la crescita di alcuni servizi, come l'istruzione o la tutela dell'ambiente, sia, infine, la salvaguardia dei diritti civili e politici dei cittadini, come la libertà di espressione e la tutela delle minoranze. Se una qualsiasi di queste condizioni venisse a mancare non potremmo dunque parlare di reale sviluppo della nazione in questione, pur se fossimo in presenza di una situazione di crescita economica, misurata in termini di aumento del PNL.

Concludiamo, quindi, questo tentativo di delineare meglio i concetti di crescita e di sviluppo con alcune possibili definizioni riassuntive :

1) Crescita economica: se il PNL reale sta aumentando nel tempo.

2) Crescita economica sostenibile: se il PNL reale pro-capite sta aumentando nel tempo e se tale aumento non è minacciato dall'effetto di ritorno derivante dall'impatto biofisico (inquinamento, problemi di esaurimento delle risorse) o dall'impatto sociale (disgregazione sociale);

3) Sviluppo sostenibile: se l'utilità o il benessere pro capite sta aumentando nel tempo oppure, in modo equivalente, se un "insieme di indicatori di sviluppo" (anche sociali) predefiniti sta aumentando nel tempo.

Capitolo IV

Il ruolo della Tecnologia

Un nuovo fattore di importanza cruciale per la riduzione dell'inquinamento, è costituito dalla sostituzione e dall'innovazione tecnologica all'interno dei processi produttivi, cui si deve la tendenza ad una progressiva riduzione del consumo di energia e ad un utilizzo ottimale degli input introdotti. Per meglio chiarire, partiamo da alcuni esempi pratici:

1) L'istituzione di una carbon tax (tassa sulle emissioni nell'atmosfera) europea negli anni scorsi ha avuto come obiettivo la stabilizzazione delle emissioni di CO_2 al livello dell'anno 1990, in modo tale da tentare di limitare l'effetto serra. Ma, secondo le stime presentate dalla Commissione europea stessa, anche una tassa molto alta su tutte le fonti di energia, escluse quelle rinnovabili, raggiungerebbe solamente la metà dell'obiettivo richiesto. L'altra metà può essere raggiunta, quasi completamente, solo se una sostanziale proporzione degli introiti fiscali sarà investita direttamente nel risparmio energetico e nei programmi di innovazione tecnologica. Ciò accade perchè, in assenza di alternative valide ai combustibili che producono CO_2, un aumento dei prezzi, determinato da un'imposta

a carico delle aziende produttrici, non avrebbe effetti sulla curva di domanda poichè quest'ultima, in assenza di beni sostituti, come abbiamo visto nel capitolo precedente, si rivelerebbe fortemente inelastica e, quindi, praticamente insensibile alle variazioni del prezzo, come accade, appunto, nel caso dei combustibili per le automobili;

2) Il secondo esempio riguarda l'elasticità al reddito di molti inquinanti: stime cross-country, condotte su dati della Banca Mondiale e del World Resource Institute, dimostrano che la relazione tra emissioni pro-capite, reddito pro-capite e la maggior parte dei fattori inquinanti disegna una curva a forma di campana. Ciò significa che i dati empirici relativi ai paesi "ricchi" dimostrano che l'inquinamento aumenta in una prima fase dello sviluppo, per poi decrescere abbastanza rapidamente in seguito, man mano che lo sviluppo continua ad aumentare.

3) Un ultimo esempio ci porta a prendere in considerazione alcuni dati relativi al settore chimico, per la sua particolare sensibilità all'aumento del prezzo dell'energia. Il settore, grazie ad un forte investimento nell'innovazione tecnologica, ha infatti registrato, nei paesi dell'Unione europea, una riduzione dei consumi energetici per unità di prodotto pari al 30 per cento in quindici anni. Inoltre, la sostituzione di tecnologie ad alto inquinamento con altre meno inquinanti fa prevedere una ulteriore crescita di tale percentuale di riduzione dell'impatto sull'ambiente.

Questi esempi evidenziano chiaramente l'importanza crescente del processo di ricerca e di innovazione tecnologica, al punto che tali politiche di investimento in nuove tecnologie possono essere considerate altamente efficaci ed efficienti, se coniugate in modo opportuno alle tradizionali politiche di tassazione delle emissioni, al fine di contenere e ridurre l'impatto delle attività economiche sull'ambiente.

Un altro fattore importante è che le nuove tecnologie di produzione costituiscono oggi il vero processo di innovazione, più che la semplice ricerca volta alla sostituzione degli input produttivi provenienti dall'ambiente naturale con altre forme di capitale per sopperire all'esaurimento del primo, con un approccio semplicemente sostitutivo e non realmente innovativo.

Il progresso tecnico assume, quindi, sempre più il ruolo di variabile strategica principale, sia per le imprese che per i governi. Le imprese possono, infatti, sfruttare la tecnologia per ridurre l'impatto delle loro attività sull'ambiente, per ridurre i costi degli input produttivi e, non ultimo, per crearsi una nuova immagine di "buon cittadino" attento alla tutela dell'ambiente e delle future generazioni.

I governi, a loro volta, hanno a disposizione una possibilità in più per far rispettare gli standard ambientali che consiste nel premiare e finanziare le imprese che ottengono risultati dai loro investimenti in nuove tecnologie che riducano l'utilizzo dell'energia e l'impatto sull'ambiente. Questo secondo dato significa che, alle politiche ambientali, dovrebbe oggi essere affidato un ruolo centrale nella programmazione politico-economica nazionale e internazionale, perchè ad esse è assegnato il compito di indurre le imprese non solo ad adeguarsi alla legge, ma anche ad adottare nuove tecnologie, nonchè ad investire in Ricerca e Sviluppo di nuove soluzioni compatibili con la tutela dell'ambiente.

Si può concludere dicendo che l'innovazione tecnologica e le sue applicazioni in campo industriale giocano oggi e giocheranno sempre più in futuro un ruolo chiave nella soluzione dei problemi ambientali e che le politiche relative a questo settore dovrebbero tenerne conto, promuovendo in ogni modo gli investimenti in Ricerca e Sviluppo di nuove tecnologie, anche allargando l'ambito di azione della ricerca ad un livello sovranazionale, in un'ottica di collaborazione finalizzata al raggiungimento di risultati sempre più all'avanguardia.

Capitolo V

L' Energia e le sue fonti

Da ciò che abbiamo detto finora è chiaro che risulta importante se non fondamentale promuovere l'efficienza energetica e l' uso di fonti energetiche alternative e rinnovabili all' utilizzo dei combustibili fossili, in particolare nei trasporti, nella politica fiscale, nella politica della ricerca e dello sviluppo e nella cooperazione internazionale. Secondo le stime, il potenziale economico di miglioramento dell'efficienza energetica per tutti i settori tra il 1998 e il 2010 è pari a circa il 18% del consumo annuo complessivo di energia nel 1995. Tuttavia, questo potenziale economico non è realizzato sufficientemente. Esistono, infatti, ostacoli agli investimenti nel campo dell'efficienza energetica. Il fattore prezzo è un elemento importante quando si considera che l'efficienza energetica potrà penetrare pienamente il mercato solo se i prezzi dell'energia corrispondono ai costi dell'energia. Ciò sarà possibile mediante:

1) l'internalizzazione dei costi esterni sotto forma di tasse e oneri;

2) la liberalizzazione effettiva dei mercati dell'elettricità e del gas che avrà un impatto

sull'efficienza energetica e farà diminuire i prezzi.

Esistono numerosi ostacoli istituzionali e giuridici ad una maggiore efficienza energetica, come ad esempio:

1) la prassi persistente di vendere energia sotto forma di kWh anziché servizi energetici, come riscaldamento, illuminazione, elettricità;

2) la prassi di alcuni costruttori edilizi o proprietari di edifici di installare apparecchi a buon mercato, con costi energetici di funzionamento elevati a carico dell'acquirente o dell'affittuario.

Anche la mancanza di informazioni dei consumatori e dei fabbricanti, gli ostacoli tecnici e gli ostacoli finanziari costituiscono un ostacolo agli investimenti a favore dell'efficienza energetica.

Di seguito ecco le principali fonti di energia alternativa e rinnovabile, sulle quali la ricerca e gli investimenti di governi ed imprese puntano per migliorare l' impronta ecologica dello sviluppo economico occidentale e mondiale.

EOLICO

Il vento è una delle principali fonti rinnovabili di energia. Da miliardi di anni il sole riscalda la terra e questa rilascia il calore nell'atmosfera. Un fenomeno che non avviene dappertutto allo stesso modo. La superficie marina, ad esempio, impiega più tempo a riscaldarsi rispetto alla superficie terreste. Nelle zone dove viene rilasciato meno calore (es. le superfici marine), le zone più fredde, tende ad aumentare la pressione. Nelle zone più calde, viceversa, la pressione tende a ridursi. L'aria delle zone ad alta pressione tende a spostarsi verso le zone a bassa pressione, generando il "vento". L'aria più calda tende a muoversi verso l'alto lasciando dietro a sè una zona di bassa pressione. L'aria calda, una volta in alto, si raffredda per poi ricadere verso il basso nelle zone fredde marine. Questo movimento verso il basso genera una spinta dell'aria fredda marina verso le zone di bassa pressione in direzione della terraferma. Le caratteristiche morfologiche del territorio e dell'ambiente influiscono sulla direzione e sulla potenza del vento. Ad esempio boschi e montagne riducono la potenza del vento, come anche gli edifici delle grandi città. Per questa ragione gli impianti eolici sono localizzati soltanto in alcune zone e non sono invece distribuiti sull'intero territorio. La potenza del vento è particolarmente forte laddove non sussistono ostacoli, nelle superfici piane, lungo le coste e in mare aperto.

L'uomo usa la forza del vento da migliaia di anni. Basti pensare alla vela che fin dall'antico Egitto muove le imbarcazioni, ha consentito commerci altrimenti impossibili e le scoperte di grandi continenti. Ma la forza del vento fu anche la principale fonte energetica per realizzare le macine del grano o delle olive (mulini a vento) oppure per pompare acqua dai pozzi. L'energia cinetica del vento (movimento) veniva trasformata in energia meccanica. Paradossalmente oggi l'energia eolica è definita un'energia alternativa ma in un contesto storico ha accompagnato la vita dell'uomo molto più a lungo rispetto al petrolio o al carbone.

Nel novecento dall'energia meccanica prodotta dalla forza eolica si è giunti alla generazione di energia elettrica. Le fattorie del vento sono composte da numerosi impianti eolici installati mare aperto, dove il vento è più forte. Sono veri impianti off-shore il cui impatto ambientale sul paesaggio è minimo proprio per l'essere stati costruiti in alto mare.

Quali paesi usano l'eolico? Molti paesi del nord europa sfruttano i forti venti per generare energia. Nell'immaginario collettivo è facile che venga in mente l'Olanda e i suoi storici mulini a vento, in realtà il paese a più largo consumo di energia eolica è invece la Danimarca, seguita da Germania, Olanda e Spagna. E' fondamentale e importante per gli impianti eolici che il vento oltre ad essere forte sia anche costante, caratteristiche tipiche dei venti del Mar del Nord.

FOTOVOLTAICO

Installare sul proprio tetto 8 metri quadri di pannelli fotovoltaici consente di abbattere per almeno 25 anni la propria spesa per l'energia elettrica

Detto questo, possiamo approfondire il tema e scoprire cosa sono i pannelli fotovoltaici e come producono energia elettrica mettendo a profitto la luce solare. L'energia solare è una risorsa pulita e rinnovabile, indispensabile per la vita sulla terra. Oggi consente di liberarci dal peso della bolletta dell'elettricità e migliorare la qualità di vita.

Come funziona un pannello fotovoltaico? Alcuni materiali come il silicio possono produrre energia elettrica se irraggiati dalla luce solare. Una caratteristica fisica che ha consentito negli anni '50 la realizzazione della prima cella fotovoltaica della storia. Lo stesso nome "fotovoltaico" esprime in sè tutto il significato della scoperta, "foto" deriva da "luce", "voltaico" deriva da Alessandro Volta, inventore della batteria. Le celle fotovoltaiche collegate tra loro formano un "modulo", un insieme di moduli compone il pannello solare fotovoltaico da installare sui tetti, terreni o terrazzi, ovunque ci sia un irragiamento diretto dei raggi solari. I pannelli fotovoltaici stanno ottenendo rapidamente il favore di consumatori e famiglie. Il vantaggio è evidente, investendo in un impianto fotovoltaico casalingo si abbatte il costo dell'energia elettrica per almeno 25-30 anni. In Germania, e di recente anche in Italia con il Conto Energia, i proprietari dei pannelli solari fotovoltaici rivendono l'energia prodotta alle società elettriche ottenendo in cambio un reddito mensile aggiuntivo.

GEOTERMIA

Il calore della Terra è una fonte di energia naturale che da sempre accompagna la storia dell'uomo fin dalle sue origini. La stessa vita biologica è probabilmente nata in particolari condizioni ambientali tra acqua e fuoco.
Come funziona la geotermia? La temperatura del

suolo superficiale e del sottosuolo non è uguale, man mano che si scende in profondità, in media ogni 100 metri, la temperatura delle rocce aumenta di +3° C. In alcune particolari zone questa caratteristica tende ad accentuarsi e la temperatura del sottosuolo è leggermente più alta della media, un fenomeno causato dai fenomeni vulcanici o tettonici. In queste zone calde l'energia può essere facilmente recuperata mediante la geotermia convogliando i vapori provenienti dalle sorgenti d'acqua del sottosuolo verso apposite turbine adibite alla produzione di energia elettrica o riutilizzando il vapore acqueo per il riscaldamento, le coltivazioni in serra e il termalismo. Le principali applicazioni del vapore naturale proveniente dal sottosuolo sono due:

1) La generazione di energia elettrica tramite il classico metodo delle turbine;

2) Il calore geotermico incanalato in un sistema di tubature utilizzato per attività locali di teleriscaldamento.

Per alimentare la produzione del vapore acqueo si ricorre spesso all'immissione di acqua fredda in profondità, una tecnica utile per mantenere costante il flusso del vapore. In questo modo si riesce a far lavorare a pieno regime le turbine e produrre calore con continuità.

La geotermia è la fortuna energetica dell'Islanda. La grande isola del nord Atlantico basa l'intera sua esistenza energetico-climatica sul naturale equilibrio tra l'acqua calda in profondità e l'atmosfera glaciale esterna.

La geotermia resta comunque una una fonte energetica alternativa e marginale, da utilizzare soltanto in alcuni limitati contesti territoriali. Resta in ogni caso una potenzialità energetica da sfruttare laddove possibile. In Italia la produzione di energia elettrica dalla geotermia è fortemente concentrata in Toscana.

BIOMASSE

Per biomasse si intende un insieme di materiali d'origine vegetale, scarti da attività agricole, allevamento o industria del legno riutilizzati in apposite centrali termiche per produrre energia elettrica. Proviamo a stilare una lista delle principali materie prime energetiche da biomasse:

- legname da ardere
- residui agricoli e forestali
- scarti dell'industria agroalimentare
- reflui degli allevamenti
- rifiuti urbani
- specie vegetali coltivate per lo scopo

Trarre energia dalle biomasse consente d'eliminare gli scarti prodotti dalle attività agroforestali e contemporaneamente produrre energia elettrica, riducendo la dipendenza dalle fonti di natura fossile come il petrolio. Energia pulita a tutti gli effetti. La combustione delle biomasse libera nell'ambiente la quantità di carbonio assimilata dalle piante durante la loro crescita e una quantità di zolfo e di ossidi di azoto nettamente inferiore a quella rilasciata dai combustibili fossili. Le opere di riforestazione in zone semidesertiche permettono di recuperare terreni altrimenti abbandonati da destinare alla produzione di biomasse e indirettamente migliorare la qualità dell'aria che respiriamo. Le piante svolgono infatti l'importante funzione di "polmone verde" del pianeta riducendo l'inquinamento e l'anidride carbonica contenuta nell'aria. Le coltivazioni dedicate esclusivamente a produrre biomasse da destinare alla produzione elettrica non fanno eccezione a questa naturale caratteristica del mondo vegetale. La Finlandia rappresenta l'esempio più calzante per descrivere l'importanza delle biomasse e le possibilità di utilizzo. Gran parte degli scarti della lavorazione della carta e del legno dell'industria finlandese sono trasferiti alle centrali termiche per produrre energia. Si evita così di stoccare gli scarti in discariche o pagare per il loro incenerimento. Quello che un tempo era un costo da sostenere si trasforma in un'opportunità da non perdere e da sfruttare per produrre preziosa energia elettrica. Non va comunque confuso il concetto di biomassa con quello della termodistruzione dei rifiuti.

Le biomasse sono esclusivamente scarti d'origine vegetale e non rifiuti delle attività umane. Per ridurre ulteriormente l'impatto ambientale è inoltre necessario che le centrali termiche siano di piccole dimensioni e alimentate con biomasse locali, evitando in questo modo il trasporto da luoghi lontani.

Biocarburanti

Biocarburanti sono prodotti agricoli in grado di sostituire la benzina e il diesel. La loro origine naturale è più facilmente riassorbibile dalla natura e consente di ridurre del 70% le emissioni di gas serra dal trasporto privato e diminuire l'importazione di petrolio dall'estero. Due argomenti presi in seria considerazione dall'Unione Europea che impone a tutti i paesi membri l'obiettivo di soddisfare almeno il 2% della domanda di energia nazionale tramite l'ausilio dei biocarburanti; un obiettivo intermedio per giungere alla copertura finale del 5,75% della domanda entro il 2010.

I vantaggi per l'occupazione. Il carburante biologico apporta una nuova spinta produttiva e occupazionale al settore agricolo nazionale creando una domanda per fini "energetici" dei prodotti agricoli.

Esistono principalmente due biocarburanti: il biodiesel e il bioetanolo. Quest'ultimo è il sostituto vegetale della benzina ed è molto diffuso in Brasile dove sono attualmente vendute automobili Flex in grado di andare sia a benzina sia a bioetanolo.

ENERGIA NUCLEARE

L'energia nucleare è una fonte energetica da valutare attentamente sia negli aspetti positivi che negativi. In primo luogo è necessario comprendere il suo funzionamento. Nelle centrali nucleari l'energia scaturisce dal bombardamento dell'uranio con neutroni. Il nucleo dell'uranio si divide in due nuclei più piccoli tramite un processo detto di 'fissione nucleare' durante il quale si genera energia e altri neutroni che, a loro volta, continueranno a far dividere i nuclei di uranio dando luogo alla famosa 'reazione a catena nucleare'. Durante questo processo viene emessa radioattività ad alta intensità. Gli oggetti e i metalli esposti alle radiazioni diventano essi stessi radioattivi, ossia scorie radioattive. Le scorie dovranno essere stoccate per migliaia di anni fin quando non decade il livello di radioattività. Il grado di radioattività non consente all'uomo di avvicinarsi alle scorie e, al momento, la scienza non è in grado di distruggere le scorie radioattive o di accelerare il periodi di decadimento della radioattività.

L'uranio è la materia prima delle centrali nucleari a fissione. Una minima quantità di uranio consente di produrre un'elevata quantità energia, e a differenza del carbone o del petrolio, senza emissioni di anidride carbonica (principale causa dell'effetto serra). Non esistono stime ufficiali sull'estrazione annuale di uranio. Questi dati sono coperti dal segreto militare o dal segreto di Stato. Fin quì i vantaggi che hanno determinato lo sviluppo dell'energia nucleare della seconda metà del novecento. Su altri aspetti il nucleare non trova ancora valide risposte:

1) Il principale svantaggio del nucleare sono le drammatiche conseguenze in caso di incidente. L'epilogo di Chernobyl ha causato conseguenze globali e, ancora oggi, non si conosce il reale impatto sulla salute. Se da un lato le nuove centrali di ultima generazione garantiscono un livello di sicurezza elevato, dall'altro non si può fare a meno di pensare che anche la centrale di Chernobyl era stata considerata sicura a suo tempo;

2) Le scorie radioattive devono essere stoccate per migliaia di anni. Nessun paese al mondo è giunto a una soluzione definitiva di stoccaggio. In Italia, nel 2003 si fermò in protesta un'intera regione italiana per impedire la realizzazione di un deposito geologico di scorie;

3) La produzione di armi nucleari resta l'ultimo grande handicap. Non si può negare un legame tecnologico tra la produzione civile di energia nucleare e l'industria bellica. Nel 2004 gli USA e altri paesi occidentali fecero grande pressione sull'Iran per impedire la costruzione di una centrale nucleare civile proprio per il timore che questi impianti fossero utilizzati anche per finalità belliche. Pertanto il legame tra le due attività esiste;

4) Il costo reale del nucleare. Da circa 15 anni nessun paese occidentale, salvo la Finlandia, ha messo in cantiere nuove centrali nucleari. Il nucleare comporta costi elevati fin dalla realizzazione degli impianti. Vanno poi ad aggiungersi i costi militari per garantire la sicurezza dagli attentati terroristici e i costi per smantellare la centrale nucleare al termine della sua attività. Tutti questi costi non sono sostenibili da un'industria privata. Lo Stato deve

necessariamente intervenire a copertura delle spese aumentando tasse e imposte ai contribuenti. In breve, il basso costo dell'energia in bolletta potrebbe essere più che compensato dall'aggravio fiscale in termini di imposte;

5) La localizzazione degli impianti nucleari. Le comunità locali sono restie ad accettare un deposito di scorie o una centrale nucleare vicino casa.

Abbiamo considerato sia i pro sia i contro dell'energia nucleare. Volendo sintetizzare il nucleare a fissione realizzato con reattori di ultima generazione è relativamente sicuro. Resta però il problema dei costi sociali e quello della localizzazione delle centrali e del deposito di scorie. Finora nessuna soluzione sembra essere stata condivisa con i cittadini del luogo destinato ad ospitare un deposito di scorie.

AUTOMOBILI A IDROGENO

L'idrogeno come carburante delle automobili del prossimo futuro. Cominciamo subito col dire che non si tratta di una fonte d'energia bensì di un vettore energetico, già utilizzato come propellente per le navicelle spaziali. Sulla Terra l'idrogeno non è presente allo stato puro ma legato in composti come l'acqua e gli idrocarburi. Deve quindi essere prodotto tramite reforming o elettrolisi.

Quando saranno vendute le prime automobili a idrogeno? Nei prossimi cinque anni vedremo in circolazione le prime automobili ibride a idrogeno, è di questa idea l'economista statunitense Jeremy Rifkin intervistato da Repubblica il 7 febbraio 2005. Secondo l'economista, la concentrazione del petrolio in aree geopolitiche instabili, la sua futura scarsità e il crescente problema dello smog cittadino spingeranno ad accelerare l'introduzione dell'idrogeno come carburante "sostenibile". Le case automobilistiche hanno investito soprattutto sulla tecnologia fuel cell, speciali sistemi a celle di combustione da cui scaturisce l'energia elettrica per muovere i veicoli con motore elettrico.

Fa eccezione soltanto la casa tedesca BMW che ha avviato la progettazione e la produzione delle automobili a combustione diretta di idrogeno, annunciando anche la commercializzazione in forma ibrida entro il 2007. General Motors prevede invece l'inizio della commercializzazione dei primi modelli a idrogeno a partire dal 2010.

Le automobili a idrogeno non inquinano. Da un punto di vista ambientale le automobili a idrogeno hanno il grande vantaggio di non avere emissioni inquinanti ma soltanto vapore acqueo. Saranno la soluzione definitiva ai problemi dello smog urbano e del conseguente impatto sulla salute dei cittadini.

Come sarà prodotto l'idrogeno? Oltre ai viaggi spaziali l'idrogeno ha trovato applicazione nella produzione dell'ammoniaca e del gas di città. Con molta probabilità questi settori industriali saranno quelli privilegiati ad ospitare la filera produttiva dell'idrogeno. Nel reforming l'idrogeno viene estratto dai combustibili fossili producendo però in forma concentrata le emissioni inquinanti evitate dallo scarico delle automobili. L'altra strada per produrre idrogeno è il processo di elettrolisi per scindere l'acqua in atomi di idrogeno e di ossigeno. Quest'ultimo processo produttivo non è inquinante ma richiede una grande quantità di energia per funzionare. In base alle indiscrezioni dei governi l'energia per l'elettrolisi potrebbe essere fornita dalle centrali nucleari e dalle energie rinnovabili in modo pulito. In entrambi i casi si evitano emissioni di gas serra in atmosfera.

La distribuzione delle stazioni di servizio a idrogeno. Un aspetto critico per la diffusione dell'idrogeno come carburante sarà l'adeguamento della rete distributiva. Fin quando non esisteranno stazioni di servizio a idrogeno sarà poco probabile che decolli il mercato delle automobili Hydrogen pure se in presenza di prodotti tecnologicamente competitivi. La creazione, o più realisticamente l'adeguamento, della rete potrebbe diventare un vincolo non indifferente per la diffusione della mobilità tramite idrogeno. Shell completerà la conversione delle stazioni di servizio alla distribuzione capillare dell'idrogeno tra il 2015 e il 2025. Questa osservazione rafforza l'idea che la futura filiera produttiva dell'idrogeno vedrà privilegiare soprattutto il settore petrolchimico.

In conclusione dovremo pertanto attendere pochi anni per guidare un'automobile a idrogeno. Per una completa sostituzione del parco circolante saranno necessari diversi decenni in cui vedremo circolare contemporaneamente automobili a idrogeno, gas GPL o metano, benzina, diesel e biodiesel.

Capitolo VI

Le imprese "Eco - efficienti"

Sono sempre più le imprese, soprattutto di grandi dimensioni, che scelgono di dare ascolto a istanze di salvaguardia ambientale provenienti dai loro interlocutori e di rispondere ad esse in modo attivo ed efficace. Spesso il cambiamento parte in modo graduale e prudente. Ma, in alcuni casi, si innesca nel sistema gestionale una vera e propria rivoluzione strategica, articolata in diverse fasi e comprensiva di tutte le aree funzionali che, unite, costituiscono il complesso sistema-impresa.

Questo tipo di impresa non sceglie solamente di ridurre l'inquinamento con l'introduzione di tecnologie di depurazione a valle, ma introduce nuovi processi in grado di minimizzare la produzione di inquinamento a monte, investendo una parte notevole dei proventi in ricerca e sviluppo di soluzioni sempre all'avanguardia. È evidente che, se un comportamento di questo tipo fosse generalizzato, la legislazione si troverebbe ad essere anticipata e superata dalle scelte di una parte di coloro che ad essa dovrebbero adeguarsi, ricevendo un notevole impulso non verso una maggiore tolleranza, ma verso una sempre maggiore severità, in un'ottica di collaborazione costruttiva con il settore industriale.

Uno dei fattori che più influiscono nel determinare la conversione dell'assetto produttivo verso una gestione improntata all'ecoefficienza è la percezione del rischio ambientale legato ad una determinata attività da parte degli stakeholder esterni.

I settori industriali a più alto rischio di provocare danni ambientali sono infatti quelli che, per primi, hanno dovuto far fronte a queste istanze, agendo in modo preventivo, con l'ideazione e la realizzazione di campagne di prevenzione e comunicazione del rischio.

Non è un caso, che, a livello mondiale, le prime industrie che hanno sentito la necessità di ridurre l'utilizzo di processi rischiosi per l'ambiente e, in seguito, di aprirsi all'opinione pubblica siano state quelle chimiche e quelle farmaceutiche, cioè quelle percepite all'esterno come maggiormente a rischio di inquinamento, per le possibili caratteristiche della loro produzione.

Altre industrie che si sono dovute scontrare con l'avversione dell'opinione pubblica sono state quelle automobilistiche, in questo caso per le caratteristiche inquinanti del loro prodotto.

Oggi, infatti, le battaglie per la vendita di automobili,

in Europa come in Giappone, si basano quasi unicamente su fattori che possiamo definire strettamente correlati con la variabile ambientale e con quella del rischio, quali il minor consumo di carburante e la maggiore sicurezza.

Un disastro ecologico dovuto al disinteresse dell'impresa verso l'ambiente comporta infatti costi elevatissimi, se non impagabili. Il diritto riconosce già, o si avvia a riconoscere ovunque, l'ambiente come soggetto giuridico, istituendo la responsabilità civile per chi lo danneggia. Inoltre, un'impresa passiva o puramente reattiva nei confronti della variabile ambientale già oggi, in alcuni paesi europei, deve coprire costi di assicurazione molto più elevati, dovuti al maggior rischio rispetto ad una analoga attività che dimostra di essere in regola o in anticipo rispetto alla legislazione, quindi, più sicura dal punto di vista ambientale.

La possibile strategia dell'impresa che sceglie di adottare un atteggiamento di prevenzione del rischio ambientale, definendo i seguenti tre elementi che sono da intendersi come tre diversi scalini da salire gradualmente, al fine di introdurre all'interno dell'organizzazione aziendale quello che viene definito un vero e proprio Sistema di Gestione Ambientale (SGA):

1. il riassetto dell'organizzazione;
2. l'innovazione tecnologica;
3. la definizione di una efficace strategia di comunicazione, prima interna e poi esterna.

L'ecoefficienza è, infatti, secondo questa prospettiva, un obiettivo a breve termine che si coniuga con il raggiungimento di risultati competitivi, quindi, di profitti per l'impresa. Lo sviluppo sostenibile è invece una scelta a lungo, se non lunghissimo, termine nel senso che, come la stessa definizione della commissione Bruntland chiarisce, è una strategia che deve tener conto delle generazioni future e del loro benessere. È, quindi, un atteggiamento di tipo etico che l'industria dovrebbe tendere ad assumere ad un livello di filosofia di gestione e che dovrebbe, in un futuro il più possibile prossimo, andare oltre alla semplice trasformazione dell'ambiente in variabile strategica.

Lasciando per il momento da parte queste implicazioni, sicuramente più etiche che economiche, l'importanza della ricerca sta comunque nell'aver evidenziato le tappe della strategia che le imprese possono adottare per assumere un atteggiamento realmente proattivo nei confronti dell'ambiente. Il piano per la realizzazione di un Sistema di Gestione Ambientale si articola in diversi livelli, sempre graduali e successivi, i cui principali passaggi sono i seguenti:

1) analiasi degli stakeholder;
2) definizione degli obiettivi da raggiungere;
3) disegno ed esecuzione del piano di implementazione;
4) sviluppo di una cultura di impresa di supporto;
5) sviluppo e misure di standard;
6) performance ambientale;
7) sviluppo degli strumenti di comunicazione interni ed esterni.

Inoltre non è assolutamente da sottovalutare la percentuale di opinione pubblica interessata al problema ambientale e disposta a concretizzare questa sua attitudine in comportamenti di acquisto è infatti in continua crescita, come dimostrato dai dati relativi alla crescente propensione all'acquisto di beni ecologici.

È inoltre confermato che in periodi successivi a disastri ecologici, l'interesse dell'opinione pubblica per l'ambiente aumenta, a conferma del fatto che anche i mass-media potrebbero avere un ruolo centrale nel creare una corretta e non allarmistica informazione ed educazione ecologica.

Una pressione comune di tutti questi fattori dovrebbe, dunque, contribuire a spingere i responsabili delle politiche pubbliche ad allargare il più possibile il raggio di azione dei loro interventi educativi ed informativi in materia ambientale. Una maggiore e più completa informazione dell'opinione pubblica relativamente alle questioni ambientali tenderebbe infatti a spingere il mercato verso una situazione di progressiva internalizzazione e riduzione delle esternalità negative di tipo ambientale come risposta alle esigenze espresse dai clienti. Bisogna inoltre ricordare che non è solamente l'opinione pubblica a fare pressione sul mondo produttivo. Le imprese certificate con uno standard ambientale sono infatti facilitate anche nell'ottenere finanziamenti dalle banche, nel pagare più bassi premi di assicurazione e nel trovare acquirenti per le loro azioni sui mercati. Tutti questi stakeholder, se informati tramite un bilancio ambientale o tramite la certificazione con uno standard di gestione ambientale, possono portare notevoli vantaggi all'impresa in termini di contenimento dei costi e di disponibilità ad investire in essa in termini soprattutto finanziari. Sembra infatti che anche i mercati azionari si stiano progressivamente evolvendo verso una più attenta presa di coscienza dell'atteggiamento ambientale delle imprese.

L'informazione da sola non può comunque essere sufficiente a risolvere un problema così complesso come quello ambientale, ma la pressione dell'opinione pubblica, coniugata con un atteggiamento collaborativo di una parte del mondo imprenditoriale e di quello legislativo permetterà sicuramente di superare molti degli ostacoli contro cui le istituzioni si sono dovute scontrare negli ultimi anni, con un vantaggio che potrebbe interessare tutte le parti in causa.

Le imprese, infatti, avrebbero un vantaggio competitivo sul mercato, le istituzioni un minor onere nella gestione delle politiche di Comando e Controllo e l'opinione pubblica si sentirebbe più tutelata e consapevole per quanto riguarda i comportamenti che riguardano l'ambiente.

Capitolo VII

La Gestione dei rifiuti

Il problema della gestione dei rifiuti è diventato sempre più di rilevanza internazionale e direttamente sotto gli occhi dei cittadini. La crescita dei consumi e l'urbanizzazione degli ultimi decenni hanno da un lato aumentato la produzione dei rifiuti e dall'altro ridotto le zone disabitate in cui trattare o depositare i rifiuti. La società moderna oggi si trova quindi costretta gestire una grande quantità di rifiuti in spazi sempre più limitati. Una situazione in cui si alimenta anche il traffico e lo smaltimento illegale dei rifiuti.

Le soluzioni per la gestione dei rifiuti sono essenzialmente di quattro tipi, in ordine di priorità secondo le normative europee in materia :

1) riduzione e riuso
2) riciclaggio
3) incenerimento (o termovalorizzazione)
4) smaltimento in discarica

L'uso delle discariche rimanda al futuro il problema e non si presta come unica soluzione permanente, inoltre, rischia di creare grandi concentrazioni di rifiuti tossici con inevitabili conseguenze sull'ambiente e la salute pubblica. I termovalorizzatori, invece, basano il loro funzionamento sull'incenerimento dei rifiuti sfruttando la combustione così ottenuta per produrre energia elettrica. Le emissioni di diossine, seppure in minime quantità, e la gestione delle scorie in depositi permanenti producono, però, forti tensioni sociali con le comunità residenti nei pressi di un termovalorizzatore.

La via del riciclaggio

Il riciclo è una strada sicuramente più complessa della logica di smaltimento in discarica o negli inceneritori. Si deve comunque premettere che il sistema del riciclaggio non esclude la presenza delle discariche o dei termovalorizzatori bensì ne limita il ricorso. Si parla di *sistema di riciclaggio* perché questo approccio deve necessariamente operare sull'intero processo produttivo e non soltanto sulla fase finale di smaltimento dei rifiuti; questo comporta:

1) per la produzione dei beni, l'uso di materiali biodegradabili che facilitano lo smaltimento "naturale" della materia nel momento in cui il prodotto si trasforma in rifiuto;

2) l'uso di materiali riciclabili come il vetro, i metalli o polimeri selezionati, evitando anche i materiali accoppiati, più difficili (se non impossibili) da riciclare;

3) la "raccolta differenziata" dei rifiuti, per facilitare il riciclaggio dei materiali, passaggio fondamentale del processo;

In questo modo la separazione dei materiali riduce i costi di ritrattamento. Per realizzare una raccolta differenziata efficace è di grande importanza la fase di differenziazione attuata dai singoli utenti.

Il riciclaggio apre un nuovo mercato in cui nuove piccole e medie imprese recuperano i materiali riciclabili per rivenderli come materia prima o semilavorati alle imprese produttrici dei beni. Un mercato che si traduce pertanto in nuova occupazione.

Il riciclaggio come ultima scelta: <u>priorità , riduzione e riuso</u>

Il riciclaggio è stato spesso criticato per :

1) i costi ambientali del processo della trasformazione dei rifiuti;

2) il basso rendimento nella quantità delle materie prime ottenute;

3) la bassa qualità dei prodotti finali;

Una ulteriore critica è stata che per come è stato pubblicizzato tra la popolazione, ha diffuso l'idea che esso giustifica condotte consumistiche.

I sistemi più efficaci per la gestione dei rifiuti sono invece quelli basati sulla *riduzione* dei rifiuti e sul loro *riuso* (tecnicamente definito *reimpiego*), in cui una volta terminato l'utilizzo di un oggetto esso non va ad aumentare la mole dei rifiuti, ma dopo un semplice processo di pulizia viene utilizzato nuovamente senza che i materiali di cui è composto subiscano trasformazioni.

L'esempio tipico è quello delle bottiglie in vetro come contenitori di latte ed acqua, che invece di essere frantumate possono essere riempite nuovamente senza passare per costosi (soprattutto da un punto di vista ambientale) processi di trasformazione.

La mancanza per molti stati di politiche di sostegno del riuso con incentivi e disincentivi, fanno sì che al giorno d'oggi la gran parte dei contenitori, delle confezioni e degli imballaggi sia invece ancora costituita da plastica e carta e non possa quindi essere riutilizzata. La scelta delle imprese è ovviamente una scelta economica che cade inevitabilmente su questi prodotti dal costo finanziario ridotto, anche se dall'elevato impatto ambientale.

Uno dei Paesi che applicano significativamente le

tecniche della riduzione e del riuso è la Danimarca, in cui, grazie ad una legislazione favorevole, ben il 98% delle bottiglie in commercio è riutilizzabile, ed il 98% di esse torna indietro ai consumatori senza essere riciclato.

I materiali riciclabili

Le materie prime che possono essere riciclate sono:

1) <u>vetro</u>
2) <u>carta e cartone</u>
3) <u>i tessuti</u>
4) <u>gli pneumatici</u>
5) <u>l'alluminio</u>
6) <u>l'acciaio</u>
7) <u>alcune materie plastiche</u>

Il caso della plastica

La plastica non può sempre essere riciclata con facilità (specie quando è di bassa qualità: non è il caso del PET), in quanto il costo di rilavorazione è generalmente superiore al costo di produzione di plastica nuova, e le numerosissime plastiche presenti sul mercato non possono essere mescolate fra di loro. Un circolo vizioso da cui è difficile uscire.

Nel "sistema a riciclaggio", però, le plastiche sintetiche di origine petrolchimica di cui non si è riusciti a evitare la necessità attraverso le pratiche di riduzione e riuso sono sostituite a monte con le bioplastiche. Questi nuovi materiali, di origine vegetale, hanno il vantaggio di produrre una combustione meno inquinante, o di essere più biodegradabili (alla normale azione degli agenti naturali) se rilasciate nell'ambiente o in discarica.

La grande discussione a favore o contro i termovalorizzatori o le discariche trova, pertanto, una sua soluzione volgendo uno sguardo più sistemico al problema.

Combustibile Derivato dai Rifiuti

IL CDR (Combustibile Derivato dai Rifiuti), traduzione dell'acronimo inglese RDF (Refuse Derived Fuel), è un combustibile solido triturato secco ottenuto dal trattamento dei rifiuti solidi urbani, raccolto generalmente in blocchi denominati ecoballe.

Eliminati i materiali riciclabili (vetro, metalli, carta) e la parte non combustibile, la porzione restante dei rifiuti viene separata in base al grado di umidità.

La parte organica dei rifiuti può essere utilizzata per estrarre biogas, liquidi e combustibili solidi per un riutilizzo come compost fertilizzante o come materia prima per determinati cicli produttivi industriali (ad esempio il bioetanolo).

Al termine del processo di selezione il residuo secco dei rifiuti viene triturato e trasformato in combustibile per la termovalorizzazione e la cogenerazione di energia elettrica, in appositi impianti inceneritori dotati di sistemi di recupero dell'energia prodotta dalla combustione.

La parte secca dei rifiuti non adatta alla combustione viene raccolta e accantonata; dopo essere stata raggruppata in unità di dimensioni e peso standard, e destinata alla discarica o al riciclaggio.

Il CDR è classificabile in diversi gradi qualitativi, sulla base delle norme tecniche Uni 9903-1 e successive modifiche ed integrazioni

Il combustibile di qualità normale è detto semplicemente CDR, è recuperato dai rifiuti urbani e dai rifiuti speciali non pericolosi.

E' sottoposto a diversi trattamenti, trattamenti finalizzati a:

1) garantire un potere calorifico sufficiente;

2) ridurre e controllare il rischio ambientale e sanitario;

3) ridurre la presenza di materiale metallico, vetri, inerti, materiale putrescibile e il contenuto di umidità;

4) rimuovere le sostanze pericolose ai fini della combustione, come alcuni tipi di polimero e i materiali potenzialmente esplodenti.

Il combustibile di qualità elevata classificato come CDR-Q, sulla base delle norme tecniche Uni 9903-1, consente di ottenere i *certificati verdi* la produzione di energia elettrica, e può essere usato con impatto ambientale inferiore.

Termovalorizzazione e altri modi di affrontare il problema dei rifiuti

La termovalorizzazione dei rifiuti non è di per sé contrapposta o alternativa alla pratica della raccolta differenziata finalizzata al riciclo. La strategia adottata dall'Unione Europea e recepita in Italia con il Decreto Legislativo n° 22/97 affronta la questione dei rifiuti delineando priorità di azioni all'interno di una logica di gestione integrata del problema. Pertanto, se il primo livello di attenzione è rivolto alla necessità di *prevenire* la formazione dei rifiuti e di ridurne la pericolosità, il passaggio successivo riguarda l'esigenza di *riutilizzare* i prodotti (es. bottiglie) ed infine, ove non sia possibile, riciclare i materiali (es. vetro). Infine, solo per quanto riguarda il materiale che non è stato possibile riutilizzare e poi riciclare (come il polistirene, i tovaglioli di carta e gli imballaggi poliaccoppiati), si propone l'incenerimento con recupero energetico al posto dello smaltimento in discarica. Sicuramente il ricorso all'incenerimento indifferenziato deve essere assolutamente evitato, anche se per uscire da situazioni di "emergenza" può apparire una via piú "comoda", e anche se i rifiuti indifferenziati sono risultati essere il combustibile per inceneritori che sviluppa più calore (infatti con la raccolta differenziata e altri trattamenti viene privato di materiali altamente calorifici come la carta, oltre a buona parte della plastica).

È da notare che riduzione, reimpiego e riciclo sono (in quest' ordine) tutte pratiche molto piú vantaggiose energeticamente, ambientalmente, economicamente e socialmente dell'incenerimento con recupero energetico; questo vale per tutti i materiali: solo per la plastica, l'incenerimento risulta economicamente piú vantaggioso del riciclo, perché sul mercato vale piú la notevole quantità di energia sprigionata dai rifiuti plastici (ancorché recuperata solo in minima parte) che il materiale plastico ricavato dal riciclo, una materia prima seconda di bassa qualità – per questo spesso la plastica (o quantomeno quella di qualità inferiore) anche se raccolta efficientemente, separata dagli altri rifiuti, viene comunque avviata alla termovalorizzazione –. D'altro canto però la combustione della plastica è proprio quella che rilascia la maggiore quantità di sostanze tossiche (specie diossina), il cui filtraggio è molto costoso, oltre a non essere mai completo. In ogni caso, la termovalorizzazione di materiale plastico permette di recuperare solo un terzo dell'energia che sarebbe possibile risparmiare riciclandolo, perciò resta comunque la soluzione peggiore dal punto di vista energetico e quindi ambientale: una situazione difficilmente migliorabile, perché l'efficienza dei termovalorizzatori può sí essere incrementata, ma comunque non abbastanza da renderla energeticamente competitiva col riciclaggio, che inoltre offre margini di miglioramento molto superiori, nell'ambito dello sviluppo di nuovi materiali plastici di piú facile riciclo (anche se naturalmente esiste già la bioplastica, che è una soluzione ancora piú radicale, se non definitiva).

S'è accennato prima alla maggiore "comodità" della termovalorizzazione rispetto ad altre soluzioni, specie in casi d'emergenza. Proprio questa maggiore "comodità" è uno dei piú gravi difetti difetti dei termovalorizzatori, perché può facilmente portare a un abuso dell'incenerimento. Infatti, mentre ad esempio in una discarica è possibile vedere la spazzatura crescere a vista d'occhio e rendere necessario trovare nuovi spazi, cosa molto difficile, una volta costruito un inceneritore apparentemente non cambia nulla incrementando la quantità di rifiuti bruciati, se non i guadagni dalla vendita dell'energia recuperata (incentivata dallo Stato, come s'è detto): tendenzialmente è quindi piú difficile che gli amministratori locali vedano la necessità di impegnarsi per politiche piú lungimiranti ed efficaci, ma almeno inizialmente molto faticose. In questo senso i termovalorizzatori possono essere dei disincentivi al riciclo (e ancor piú al riuso e alla riduzione): non per colpa della tecnologia in sé, quindi, ma piuttosto per la miopia dei politici.

I termovalorizzatori sono molto costosi da costruire, e per ripagarsi devono funzionare a pieno regime per circa 20 anni. È emblematico il caso dell'inceneritore costruito recentemente dall'Amsa a Milano, Silla 2: inizialmente aveva avuto l'autorizzazione per bruciare 900 t/giorno di rifiuti, poi si è passati a 1250 e infine a 1450t/g. Se si guarda alla gestione dei rifiuti a Milano, ci si accorge che la raccolta differenziata raggiunge il 35% circa (fisso da anni), e tutto il resto (o quasi) viene incenerito da Silla 2. Se si considera che la media di riciclo della provincia di Milano è intorno al 45% (in costante miglioramento), e che a Milano la raccolta dei rifiuti organici non è mai andata oltre la sperimentazione in piccole aree della città, nonostante il piú che collaudato sistema di raccolta dei rifiuti porta a porta e la notevole sensibilizzazione della popolazione, che permetterebbero sicuramente di fare molto di piú, appare piú che lecito il sospetto che non si punti sulla raccolta differenziata proprio per soddisfare l'avidità dell'insaziabile Silla 2. Ancora una volta, non si tratta di "colpe" della termovalorizzazione in sé, ma solo dei politici (stimolati, lo ripetiamo ancora una volta, dall'irragionevole e inaccettabile incentivazione economica dell'incenerimento).

In Italia, il tasso di raccolta differenziata sta gradualmente crescendo (è oggi intorno al 22,7% per merito, soprattutto, delle regioni del Nord, dove supera il 35%), ma è ancora molto inferiore alle potenzialità. Il ricorso alla termovalorizzazione è ancora limitato e rappresenta, con circa il 12%, uno dei valori piú bassi in Europa, anche se specie al Nord è in aumento, e in Lombardia ad esempio raggiunge il 30%. Dalla combinazione di questi due fattori scaturisce un ricorso eccessivo allo smaltimento in discarica, che è in continua diminuzione (dal 2001 al 2004, al Nord -21%, al Sud -4% e al Centro -3%) ma interessa attualmente in tutto circa il 56,9% dei rifiuti urbani prodotti (45% al Nord, 69,5% al Centro, 73,2% al Sud)(si stima che sul totale nazionale il 76% sia rifiuto da raccolta indifferenziata e il 24% siano residui dai diversi processi di trattamento: biostabilizzazione, CDR, incenerimento, residui da selezione delle R.D.), con conseguenze ambientali che si vanno aggravando soprattutto nel Sud, dove molti impianti sono ormai saturi e la raccolta differenziata stenta a decollare. D'altro canto, se si considera che nei comuni piú virtuosi la raccolta differenziata supera già adesso l'80%, si deduce che anche al Nord essa è ancora molto meno sviluppata di quanto potrebbe, e che gli impianti di termovalorizzazione sono già adesso sovradimensionati, perciò, se non si importeranno da altre regioni rifiuti da incenerire, non si potrà sviluppare appieno la raccolta differenziata e il riciclo senza far funzionare i termovalorizzatori sotto regime e quindi in perdita.

Altre tecnologie di smaltimento

Torcia al plasma

Una tecnologia molto interessante è la torcia al plasma, originariamente sviluppata per la Nasa allo scopo di mettere alla prova i materiali realizzati per resistere alle altissime temperature cui sono sottoposte le navicelle spaziali al rientro nell'atmosfera a causa dell'attrito. Il plasma generato dalla torcia comprende gas ionizzato a temperature comprese fra i 7.000 e i 13.000 °C: l'elevatissima quantità di energia, applicata ai rifiuti:

1) decompone le molecole organiche (in una zona di reazione dove la temperatura va dai 3.000 ai 4.000 °C), che, con l'aggiunta di vapore d'acqua, producono così un gas di sintesi simile a quello prodotto una volta nei gasogeni a carbone, e più precisamente composto di idrogeno (53%) e monossido di carbonio (33%), nonché anidride

carbonica, azoto molecolare e metano (recuperato per produrre elettricità);

2) fonde i materiali inorganici e li trasforma in una roccia vetrosa simile alla lava, totalmente inerte e non nociva, che può essere usata come materiale da costruzione (in questo modo non può essere recuperato il materiale ferroso o l'alluminio come con le scorie degli inceneritori). In questa "lava" sono totalmente conglobati e quindi resi inerti tutti i metalli pesanti, perciò non si hanno ceneri volanti che li contengano. Tuttavia, si sa che in procedimenti come questo si producono enormi quantità di nanopolveri, anche se non ci sono studi sulla loro effettiva composizione e dispersione nell'ambiente.

Questi sono gli unici scarti: il tipo di combustione non permette la produzione di nessun composto tossico o pericoloso come diossine, furani o ceneri (si veda però sotto). Per questo un reattore al plasma può anche trattare pneumatici, PVC, rifiuti ospedalieri e altri rifiuti industriali. Inoltre, è un processo relativamente economico, che costa circa il 20-40% in meno di un termovalorizzatore di ultima generazione.

Gassificatori

Un'alternativa a tutti gli impianti di incenerimento per combustione è la dissociazione molecolare per la gassificazione. In un ambiente chiuso con temperature inferiori ai 400°C e in quasi totale assenza di ossigeno, i rifiuti organici, cioè contenenti carbonio (precedentemente separati dagli altri componenti riciclabili degli RSU, che possono però anche essere introdotti senza alcun trattamento), possono essere completamente distrutti scindendone le molecole in molecole più semplici di monossido di carbonio, idrogeno e metano, che formano un gas di sintesi abbastanza puro da essere usato tal quale. L'energia imprigionata attraverso la fotosintesi clorofilliana in tali sostanze organiche può così essere liberata o bruciando il metano in una caldaia per sfruttarne il calore o alimentare una turbina elettrica, o usandolo come combustibile per motori a scoppio, o ricavandone idrogeno da usare poi in pile a combustibile per produrre elettricità.

Alla fine del processo rimangono ceneri per il 3% della massa immessa. Rispetto ai normali inceneritori, per via delle particolari condizioni in cui avviene il processo: la bassa temperatura riduce di oltre cento volte l'emissione di polveri sottili (e in particolare è ridotta la produzione di nanopolveri); la produzione di acido cloridrico, anidride solforosa e monossido di carbonio è ridotta a meno della metà; gli ossidi di azoto sono ridotti a un terzo; i metalli pesanti di 20-50 volte; la concentrazione di diossine e furani è inferiore ai livelli misurabili.

Il tutto con un rendimento medio del 70%, variamente distribuito in elettrico e termico a seconda dell'impianto, da confrontare con un rendimento per i termovalorizzatori che è circa del 50% termico più 10% elettrico.

I gassificatori sono molto flessibili – possono essere di varia tipologia e potenza –, e sono un sistema efficiente per sfruttare le potenzialità energetiche delle biomasse in generale, oltre che dei rifiuti solidi urbani: si prestano pertanto a essere usati in agricoltura, poiché permettono di sfruttare terreni poco produttivi o adatti solo a colture non pregiate per produrre energia, un bene invece dal valore in continua crescita.

Pertanto, a fronte di un investimento relativamente modesto sia in fase di costruzione sia in gestione (grazie alla possibilità di introdurre una grande varietà di materiale organico anche non trattato e in virtù della non necessità di smaltire o filtrare grandi quantità di emissioni o rifiuti tossici), permettono di ottenere un guadagno costante e sicuro, il che dà loro alte potenzialità di sviluppo anche nel medio-breve termine, in un contesto di difficoltà di smaltimento dei rifiuti (e di opposizione alla costruzione di inceneritori tradizionali per i timori per la salute e l'ambiente) e di contrazione del mercato per gli agricoltori.

Conclusioni

Negli ultimi anni si è manifestata una tendenza alla diminuzione di alcune pressioni sull'ambiente. Si è ottenuta, ad esempio, una diminuzione delle sostanze che distruggono la fascia di ozono, una riduzione delle emissioni di metalli pesanti e di biossido di zolfo (SO2) e si è raggiunto un miglioramento della qualità delle acque di superficie. Quando saranno applicate tutte le misure ambientali, si assisterà probabilmente ad un'ulteriore riduzione delle pressioni sull'ambiente nonostante l'aumento della produzione e dei consumi. E' tuttavia necessario prendere in maggiore considerazione, a livello europeo, i seguenti problemi: mutamento del clima e acidificazione, gestione dei rifiuti, qualità dell'aria (urbana), qualità delle acque sotterranee, frammentazione e distruzione di habitat. Un nuovo problema, che non è ancora stato affrontato in modo globale a livello europeo, è quello del peggioramento della qualità del suolo, che rappresenta un'importante risorsa naturale.

Il fattore tempo interviene ovviamente nello sviluppo dei problemi ambientali e delle relative misure. Ci vuole tempo prima che i problemi ambientali si manifestino, a causa dei tempi chimici e biologici, e quando si manifestano la maggior parte di essi si rivela di tipo irreversibile o, in caso d'intervento, presenta un lungo tempo di recupero. Vi sono inoltre i tempi sociali connessi, ad esempio, con la sensibilizzazione della popolazione, lo sviluppo di azioni politiche, l'applicazione di tali misure (tenendo conto del rapido rinnovo dei beni strumentali) e il mutamento del comportamento delle imprese e dei cittadini. Pertanto, una diagnosi dell'attuale stato dell'ambiente non basta, bensì è indispensabile applicare sistemi informativi atti ad avvertire tempestivamente e metodi che permettano di controllare i progressi e le condizioni ambientali, al fine di sostenere il processo politico e fornire ai responsabili delle decisioni e alla società informazioni esaurienti sugli effetti delle loro azioni in corso e in programma.

Finora i principali successi sono stati ottenuti nel settore dell'industria. Le fonti d'inquinamento localizzate sono state affrontate con adeguati provvedimenti. Le fonti diffuse, invece, ad esempio i prodotti, i consumatori e le fonti mobili, sono state trattate in modo molto meno efficace.

Le attuali politiche si concentrano sull'efficacia delle misure ("come raggiungere l'obiettivo"), trascurando il problema dell'efficienza (massimizzare i benefici ambientali e minimizzare i costi economici). Tale problema deve essere trattato con la massima attenzione in futuro. Considerare l'efficienza delle misure può servire ad integrare meglio le considerazioni ambientali nei settori economici. Inoltre, nel decennio in corso verranno probabilmente esaurite le misure costo-efficaci. Se, come si prevede, l'economia e la popolazione continueranno a crescere, in futuro le misure necessarie per mantenere le emissioni ai livelli raggiunti o per ridurle ai valori dell'obiettivo finale saranno sempre più costose e più complicate sul piano amministrativo e su quello politico (a meno che non intervenga una rivoluzione tecnica).

Celere politica ambientale necessaria per realizzare gli obiettivi

Se l'Unione Europea vuole realizzare i propri obiettivi ambientali (ossia evitare gli effetti negativi sulla salute degli esseri umani e sugli ecosistemi) è necessario avviare una celere politica ambientale. Questa è una delle principali sfide per l'Unione Europea nei prossimi anni, data la tendenza all'aumento delle pressioni ambientali. Il previsto incremento demografico e la prevista crescita economica comportano un maggiore consumo di energia e di materiali nonché un incremento dei trasporti e del turismo. Se tali tendenze non possono essere compensate con misure di riduzione adeguate (e costo-efficaci) è indispensabile scindere (maggiormente) la crescita economica da tali tendenze, al fine di assicurare uno sviluppo sostenibile.

Per concludere conviene ricordare una Massima:
"Lasciamo il mondo un posto migliore di come lo abbiamo trovato"
B.P.

Indice

Introduzione   ***pag.* 9**

Capitolo I   ***pag.* 12**
La Cultura Ecologica

Capitolo II   ***pag.* 22**
Economia e Eco – Benessere

Capitolo III   ***pag.* 32**
Lo Sviluppo Sostenibile

Capitolo IV   ***pag.* 53**
Il ruolo della Tecnologia

Capitolo V   ***pag.* 59**
L' Energia e le sue fonti

Capitolo VI   ***pag.* 81**
Le Imprese "Eco – efficienti"

Capitolo VII   ***pag.* 90**
La Gestione dei Rifiuti

Conclusioni   ***pag.* 113**

www.ingramcontent.com/pod-product-compliance
Lightning Source LLC
Chambersburg PA
CBHW020437220526
45464CB00002B/745